BEI GRIN MACHT SICH IHR WISSEN BEZAHLT

Einführung in die Suchmaschinenoptimierung (SEO). Ziele, Content, On- und Offpage-Optimierung

Lukas Babbick

Bibliografische Information der Deutschen Nationalbibliothek:

Die Deutsche Nationalbibliothek verzeichnet diese Publikation in der Deutschen Nationalbibliografie; detaillierte bibliografische Daten sind im Internet über http://dnb.d-nb.de abrufbar.

ISBN: 9783346892492
Dieses Buch ist auch als E-Book erhältlich.

Druck und Bindung: Books on Demand GmbH, Norderstedt Germany
Gedruckt auf säurefreiem Papier aus verantwortungsvollen Quellen

Das vorliegende Werk wurde sorgfältig erarbeitet. Dennoch übernehmen Autoren und Verlag für die Richtigkeit von Angaben, Hinweisen, Links und Ratschlägen sowie eventuelle Druckfehler keine Haftung.

Das Buch bei GRIN: https://www.grin.com/document/1362286

Einsendeaufgabe Alternative A

.

abgegeben am 14.07.2022 im Prüfungssekretariat

SRH Fernhochschule

Modul: SEO

Studiengang: Online-Marketing

von

Lukas Babbick

Studiengang: Online-Marketing

Inhaltsverzeichnis

Abkürzungsverzeichnis

B2B	Business-to-Business
Abb.	Abbildung
B2C	Business-to-Costumer
Bspw.	Beispielsweise
Bzw.	Beziehungsweise
Ca.	circa
CWV	Core Web Vitals
d.h.	das heißt
Etc.	et cetera
ggf.	gegebenenfalls
KPIs	Key Performance Indicators
Mio.	Millionen
&	und
PPC	Pay-Per-Click
SEO	Suchmaschinenoptimierung
SMP	Social-Media-Platform
z.B.	zum Beispiel

4

Abbildungsverzeichnis

1 Aufgabe 1

In dieser Aufgabe wird eine Strategie für die Suchmaschinenoptimierung (SEO) für den fiktiven Automobilzulieferer (Müller KG) entworfen. Mit einem Jahresumsatz von 14 Mio. Euro und 17 Mitarbeiter zählt die Firma zum Mittelstand (Klodt, 2018). Die vorhandene Webseite fungiert nur als digitale Visitenkarte und es werden hauptsächlich traditionelle Marketingkanäle benutzt. SEO bietet sich an, da dieser Marketingkanal zusammen mit dem online Auftritt den gesamten Kaufprozess abbilden kann, nachhaltig mehr Traffic generiert und einen sehr guten Kosten- /Nutzenfaktor hat. (Alpar, Koczy & Metzen, 2015, S. 24–30)

Die meisten SEO-Strategien sind ein sich wiederholender Kreislauf, welcher aus der Optimierung der On- und Offpage, der Recherche relevanter Keywords und der Analyse des Userverhaltens, sowie des Monitorings bestehen (Bernecker, 2022; O.S.G.-Team; Raaf, 2021, S. 13). Die Müller KG formuliert zum ersten Mal eine SEO-Strategie, daher bietet sich die SEO-Cockpit-Strategie von Sens (2020) an. Hier wird die zu Beginn notwendige Positionierung im (online) Markt und die Strukturierung der Webseitenarchitektur durchgeführt. SEO ist für jedes Unternehmen relevant, 90% der B2B-Käufer (Business-to-Business) beginnen ihren Kaufprozess mit einer Suchanfrage im Internet (Seebacher, 2021, S. 452–453). Lobe weist daraufhin, „Nur was Google findet, existiert" (2019 zitiert nach; Kleinkes, 2020, S. 70). Die SEO-Strategie wird für den B2B-Bereich angepasst und enthält konkrete Handlungsempfehlungen. Nach dem ersten Monitoring ist es empfehlenswert die Strategie anzupassen, da eine erneute Positionierung nicht jedes Mal notwendig ist. Darauf wird in der Aufgabe 2 eingegangen. Es wird darauf hingewiesen, dass es bei SEO hauptsächlich um die Optimierungen für den Google-Algorithmus geht, da Google als Suchmaschine den Markt mit einem weltweiten Anteil von 80-87% (Desktop & Mobil) und in Deutschland mit einem Anteil von 83-97% (Desktop & Mobil) dominiert. (Rabe, 2022)

1.1 Positionierung

Der Prozess beginnt mit der Positionierung des Unternehmens im (online) Markt. Diese Phase ist eng mit der Wettbewerbs- und der Zielgruppendefinition verbunden, da die existierenden Produkte und Dienstleistungen sich an den Problemen und Wünschen der Kunden orientieren sollten. Ziel ist es, die rationalen und emotionalen Produkteigenschaften in Einklang, mit den Wunscheigenschaften der Zielgruppe zu bringen. Kundenwünsche können sich mit der Zeit verändern, weshalb sie regelmäßig zu überprüfen sind. Die ausführliche Definition der Unternehmenskultur, die Unterschiede zu Wettbewerbern und die Formulierung der Vorteile für den Kunden, helfen dabei eine lange und ganzheitliche SEO-Strategie zu entwickeln. Dafür sollte die Müller KG fünf Faktoren beachten, worunter das Marktpotenzial, das Image, das Alleinstellungsmerkmal, der Produktnutzen und die Kontinuität, fallen. Das Unternehmen kann seine Positionierung durch die EKS-Strategie (Engpass-Strategie) vertiefen, indem in dem bereits existierendem Teilmarkt eine geeignete Nische gefunden wird. Wenn sich die Müller KG auf die existierenden Stärkepotentiale sowie eine enge Zielgruppe konzentriert und eine detaillierte Problemlösung erarbeitet, kann sie sich dort als Experte positionieren. Für die Positionierung sollten folgende Fragen beantwortet werden:

(Sens, 2020, S. 8–16)

- Was sind konkrete Stärken des Unternehmens?
- Welche Zielgruppe wird angesprochen? (Weiteres in Phase 2)
- Was sind die Wünsche, Ängste & Probleme der Zielgruppe? (Befragung)
- Wie können die Wünsche, Angste & Probleme gelöst/erfüllt werden?
- Kann ein Kooperationspartner helfen & ein größerer Nutzen entstehen?

1.2 Zielgruppenbestimmung

In der zweiten Phase wird für die Müller KG die Zielgruppe in Form von mindestens einer Persona definiert, welche neben klassischen Personenbezogenen Daten auch Interessen, Hobbys, Gehalt, emotionale Motive, Ängste, Wünsche und Probleme beinhalten sollte. Das Suchverhalten der Kunden auf Portalen bzw. Blogs und die Auswahl der Magazine, die sie lesen, können ebenfalls wichtige Informationen sein. Bspw. kann man in diesen Medien für die Expertenpositionierung aktiv werden. Anschließend sollten die erstellten Personas nach der Limbic Map in die jeweiligen Typen Dominant, Stimulanz und Balance eingeteilt werden, um eine entsprechende Ansprache entwickeln zu können. Für die Datenerhebung eignet sich bspw. ein Interview. (Sens, 2020, S. 17–21)

Das typische B2B-Buying-Center besteht aus ca. 7 Personen, die verschiedenen Bedürfnissen und Anforderungen an ein Produkt haben und aus unterschiedlichen Bereichen eines Unternehmens kommen. Das bedeutet, es wird nach derselben Leistung mit unterschiedlichen Suchbegriffen gesucht. Der B2B-Suchprozess dauert wegen höherer Investitionen und langen Projektzeiträume meist länger und benötigt eine intensive Recherche. D.h. es sollten für das B2B-SEO-Marketing hochrelevante Inhalte auf Expertenniveau erstellt werden, welche Interessenten durch die gesamte Buyer Journey führen. Es ist sinnvoll für jeden Typ des Buying-Centers eine Persona zu erstellen. (Seebacher, 2021, S. 450–452)

1.3 Zielsetzung

Die Zieldefinition ist erfolgsentscheidend, denn hier wird dem Unternehmen, dem Team und der Strategie die Richtung vorgegeben. SEO-Ziele können genutzt werden für die Umsatzsteigerung, der Leadgenerierung, zur Steigerung der Markenbekanntheit und / oder der Personalgewinnung. Um die Ziele zu bestimmen, kann die Müller KG folgende Leitfrage für sich beantworten;

- Wo soll das Unternehmen in 2 - 4 Jahren stehen & was soll bis dahin erreicht werden?
- Wie viel Umsatz soll die Website in welchem Zeitraum generieren?
  - o Wie viele Anfragen oder Bestellungen sind dafür notwendig?
  - o Wie viele Webseiten-Besucher werden benötigt, um die Anzahl der Anfragen zu erreichen?
- Wie hoch soll der Anteil von Besuchern durch die organische Suche sein?

(Sens, 2020, S. 21–23)

Mit geeigneten Key Performance Indicators (KPIs) können die ausgewählten Ziele im späteren Monitoring überprüft werden. Dazu zählen nach McConell (2016) das SERP-Ranking (Search Engine Result Pages) von Keywords, der langfristige Return-on-Invest, der Sichtbarkeitsindex sowie jeweils organische Nutzerzahlen, die Conversion Rate und Verkaufs- bzw. Umsatzzahlen, sowie eingehende Links. Um die Ziele zu erreichen und sollten sie nach der SMART-Methode formuliert werden, was für „**S**pezifisch, **M**essbar, **A**ttraktiv, **R**ealistisch und **T**erminiert" steht.

Als Beispiel könnte die Müller KG folgendes Ziel für sich formulieren; „Nach einem Jahr soll die Webseite mit mindestens 4 Keywords unter den Top 10 gefunden werden und einen Anstieg der Anfragen um 8% verzeichnen. Dafür wird ein neuer SEO-Experte eingestellt, der das gesamte Team bereichert." (Graf, 2019, S. 201–202)

1.4 Kanalauswahl

Bei der Kanalauswahl wird sichergestellt, dass die zuvor definierten Personas auch erreicht werden. Neben der eigenen Webseite sollten relevante Blogs und Magazine definiert werden, worauf in der Content-Strategie weiter eingegangen wird. Aufgrund der Einfachheit der bestehenden Webseite, empfiehlt sich für die Müller KG ein kompletter Relaunch der Webseite. Dadurch wird sichergestellt, dass eine einprägsame und sinnvoll aufgebaute URL sowie ein leistungsfähiger Hoster gewählt werden. Ein eigener Blog ist ein wesentlicher Bestandteil einer SEO-Strategie, um relevante Inhalte entlang der Buying Journey zu liefern. Detaillierte sowie zielgruppenrelevante Informationen könne dort gesammelt und W-Fragen beantwortet werden. Zusätzlich sollten lokale SEO-Maßnahmen ergriffen werden, indem die Müller KG ein Google My Business Profil anlegt und ebenfalls optimiert. Dadurch wird die Firma lokal sichtbarer und kann relevante Social Signs, wie Bewertungen, sammeln, was auch für die Offgape-Optimierung wichtig ist. (Kamps & Schetter, 2018, S. 22-23,29; Sens, 2020, S. 23–28)

1.5 Content- und Webseiten-Strategie

Ein wichtiger Teil der Webseite ist die Informationsstruktur, welche intuitiv bedienbar sein sollte. Alle Inhalte sollten innerhalb von drei bis vier Klicks von der Startseite aus erreichbar sein. Eine flache Webseitenstruktur sorgt für eine gute indexierbarkeit. Die Müller KG sollte für sich Hauptthemen entsprechend der Nische definieren und in jedem Themengebiet ca. 25 Artikel erstellen können. Die notwendige Contentform ist der Text, welcher die relevanten Keywords enthält und richtig strukturiert sein muss. Für die Themenfindung eignet sich das Brainstorming und für das Erstellen eines Strukturbaums eine Mindmap. Damit SEO- und zielgruppenrelevanter Content erstellt werden kann, muss eine Keyword-Recherche durchgeführt werden und mit den Inhalten sowie der Struktur abgeglichen werden. Eine Analyse des Wettbewerbs auf den vorhandenen Content, sowie ihrer rankenden Keywords, gibt Hinweise auf Potenziale. Mit Tools wie Sistrix, Xovi oder Searchmetrics lassen sich die Konkurrenten auswerten. Eines davon sollte die Müller KG verwenden. Daneben kann das Unternehmen mit dem Ads Keyword-Planer sowie Suchvorschlägen von Google hilfreiche Ideen für die Keyword-Recherche sammeln und mit Hypersuggest W-Fragen nachgehen. (Sens, 2020, S. 28–43)

In einer Nische sind Keywords mit geringem Suchvolumen ausschlaggebend. Die Schwerpunkt-Keywords, ihre Synonyme sowie verwandte Begriffe, die für das Thema oder die Suchabsicht des Kunden relevant sind, muss die Müller KG abdecken. Long-Tail-Keywords decken den gesamten Kaufprozess ab, sodass jede Person im Buying-Center angesprochen wird. Eine Kombination von 4-5 Wörtern, die einen Suchbegriff genauer definieren, sind empfehlenswert für die Müller KG. Es gibt hierfür meist weniger Konkurrenz und gleichzeitig neigen B2B-Käufer dazu recht spezifische Suchbegriffe zu benutzen. (Seebacher, 2021, S. 451–452)

Die Keywords sollten nach Alphabet (2015, S. 171) abhängig von den Wettbewerbern, dem Suchvolumen und der Conversion-Priorität ausgesucht werden. Die B2B-Content-Journey soll beim potenziellen Kunden Vertrauen und Glaubwürdigkeit aufbauen, indem die Müller KG zeigt, dass sie die Kundenprobleme lösen kann. Dieser langfristige Ansatz soll dazu führen, dass bei der Kaufentscheidung die Müller KG mit in Betracht gezogen wird. Die Inhalte sollten an allen Berührungspunkten der Journey präsent sein, an denen Interessenten nach Informationen suchen. Deswegen sollte die Müller KG auch andere Kanäle wie PR, Suchmaschinenwerbung (SEA) oder soziale Medien in Betracht ziehen. Mit diesen können gleichzeitig Backlings und Social Signs erzeugt werden. (Kamps & Schetter, 2018, S. 22-23,29)

1.6 Conversion- bzw. Usability-Optimierung

Der Fokus der Seite sollte auf monetären Zielen liegen, die nur über eine gute Conversion-Rate erreicht werden. Es ist hilfreich Trends und branchenspezifische Entwicklungen aktiv zu verfolgen und den Content von Fachexperten oder Autoren verfassen zu lassen, der leicht verständlich für die Besucher ist. Die Webseite sollte fortlaufend hinsichtlich der Inhalte verbessert werden, um aktuell zu bleiben. Wenn ein User das findet, was er gesucht hat, die Seite schnell lädt und einfach zu bedienen ist, bleibt der User länger auf der Seite. Das verbessert z.B. die Absprungrate. Es zeigt, dass eine auf den Kunden optimierte Seite gleichzeitig gut für ein besseres Ranking ist. Die Müller KG sollte dem entsprechend kontinuierlich an der Webseite arbeiten und die Benutzerfreundlichkeit verbessern, was schließlich die Conversion-Rate verbessern kann. Ihr Ziel sollte eine übersichtliche und leicht zu bedienende Seite sein, die neben relevanten Texten durch Bilder und Videos aufgelockert wird, Emotionen durch persönliche Einblicke liefert und Bewertungen oder Awards anzeigt. Der anfallende Traffic muss dafür in regelmäßigen Abständen überprüft werden, wobei folgende Fragen helfen:

- Warum und wann springen Besucher ab?
- Wie kann die Usability verbessert werden?
- Sind die Seitenfunktionen zielführende?
- Wie können mehr Besucher zu Kunden werden?

(Sens, 2020, S. 72–76)

1.7 Technische Optimierung

Die vielseitige technische Optimierung muss die Müller KG ebenfalls kontinuierlich durchführen, was im Verlauf bereits mehrfach erwähnt wurde. Neben dem fehlerfreien und schlanken Quellcode geht es hierbei um die Ladezeitverbesserung, die richtige semantische Anordnung des Contents, die Indexierbarkeit der Seiten, einhalten von Sicherheitsstandards und internes Linkbuilding. Von großer Bedeutung ist hier die Vermeidung von doppeltem Content, welcher von Suchmaschinen abgestraft wird und mit dem Tool Ryte entdeckt werden kann. Durch die Einstellung von nofollow- oder Canonical-Tags kann duplicated Content vermieden werden. Hierbei spielt die generelle Indexierbarkeit eine Rolle, was durch Meta-Robots im HTML-Code oder durch eine robots.text-Datei verbessert werden kann. Falls die Müller KG noch keinen Programmierer oder technischen SEO-Experten im Team hat, ist hier die Empfehlung die technische Erst-Optimierung von Externen machen zu lassen und langfristig selbst einen Mitarbeiter einzustellen. So wird die Einhaltung der zuvor genannten Maßnahmen sichergestellt. (Haiduck, 2022; Sens, 2020, S. 77–97)

1.8 Controlling

Im letzten Schritt, dem Controlling, überprüft die Müller KG, ob die zuvor gesetzten Ziele erreicht wurden. Für diese Analyse eignen sich diverse Tools, welche die zuvor genannten KPIs auswerten können. Das gängigste und kostenfreie Tool ist Google Analytics, womit die Performance der Keywords, die Absprungrate, die Interaktionsrate, der Umsatz, die Klickraten und weitere Nutzerspezifische Daten ausgewertet werden können. Dieses Tool sollte ebenfalls von der Müller KG verwendet werden, indem die Google Search Console in die Seite integriert wird. Reporting-Bericht können mit Hilfe von Google Data Studio erstellt werden und mit Google Alerts erhält das Unternehmen eine Übersicht der neuen Suchergebnisse zu den zuvor definierten Begriffen. (Sens, 2020, S. 97–105)
Für das Monitoring eigenen sich diverse Tools, wobei ein Tool meist auf einen Bereich spezialisiert ist, mit Ausnahme von Toolboxen wie Sistix oder XOVI. Deswegen bietet es sich an für eine detaillierte Analyse verschiedene Tools zu verwenden, welche wiederum vom zuständigen SEO bestimmt werden. Im Anschluss geht es darum, auf Basis der Analyse neue Ziele zu definieren, die erreicht werden sollen, womit der strategische Kreislauf von vorne beginnt. (Alpar et al., 2015, S. 355–357)

2   Aufgabe 2

In dieser Aufgabe werden konkrete Maßnahmen erarbeitet, die für eine langfristige sowie bessere Webseitensichtbarkeit sorgen. Um durch einen wiederkehrenden Prozess die Webseite und damit die Sichtbarkeit kontinuierlich zu optimieren, sollte die Strategie nach der ersten erfolgreichen Implementierung angepasst werden. Grundlagen, wie eine Positionierung und Zielgruppenanalyse, wiederholt zu erarbeiten ist nicht immer notwendig und muss ggf. erst bei neuen Produkten vorgenommen werden. Der Prozess von Raaf „Acht Schritte für bessere Webseiten" (2021, S. 13), welcher der Abbildung 1 (Abb.) entnommen werden kann, eignet sich als vorlaufende Strategie. Wie zu sehen ist, bleiben die zu analysierenden und optimierenden Bereiche die gleichen. Für die Suchmaschine ist es wichtig, dass kontinuierlich an der Webseite gearbeitet wird, wobei alle Bereiche beachtet werden müssen. Aktuelle Inhalte sind neben einer einwandfreien Technik, sinnvollen Keywords und einer guten Reputation durch Linkbuilding von ähnlicher Wichtigkeit. Dabei bilden regelmäßige Analysen der Wettbewerber, des Kundenverhaltens, der Trends und der Keywords die Basis, um passende Inhalte zu kreieren.

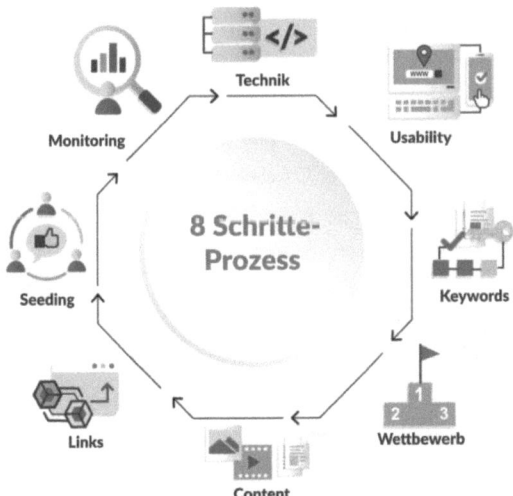

Abbildung 1: Die acht Schritte für bessere Webseiten nach Raaf

(Quelle: Raaf, 2021, S. 13)

Um den Umfang dieser Arbeit zu wahren, werden die bereits behandelten Faktoren der SEO-Strategie in Aufgabe 1 und 3 nicht erneut in dieser Aufgabe genannt, sondern lediglich darauf verwiesen.

2.1 Technische Aspekte & Usability

Um technische Aspekte im Monitoring zu analysieren, empfiehlt es sich die Core Web Vitales der Webseite regelmäßig mit Lighthous von Google zu messen. Die so gemessenen Faktoren geben Informationen über die User Experience und technische Informationen, wie Code-Optimierungen, Ladegeschwindigkeiten oder Sicherheitslücken. Wie im Abschnitt 1.7 und 1.8 beschreiben gibt es grundlegende technische Aspekte die zu beachten sind. Dazu gehört auch Mindeststandards, wie eine SSL-Zertifikation, um die Sicherheit zu gewährleisten oder alt-Attribute für Inhalte, um die Barrierefreiheit für mit Menschen mit Einschränkungen zu verbessern. (Raaf, 2021, S. 14–15; Ryte, 2021)

Im B2B-Berich ist die Suchanfrage je nach Branche mit 50-80% über mobilen Geräten hoch (Beus, 2021). Die Funktionalität der Webseite auf mobilen Geräten ist ein Rankingfaktor und ausschlaggebend für die Nutzerfreundlichkeit, worauf bei der Erstellung der Webseite geachtet werden muss. Das Webdesign sollte responsiv sein, d.h. es passt sich automatisch an die jeweilige Gerätegröße an. Dadurch wird die Gefahr für doppelten Content verringert, weil keine zusätzliche mobile Webseite mit eigener URL gehostet werden muss. Es erleichtert dem Nutzer Inhalte der Webseite zu verlinken und die Webseitenpflege. Das Design benötigt weniger Code, wodurch der Crawler einfacher die Seiten indizieren kann. Wenn die eigene Webseite auf allen Geräten einwandfrei und schnell funktioniert, verbessert sich auch die Usability für die Besucher. (Google, 2020; Google, 2021)

2.2 Keywords, Wettbewerb & Content

Um eine nachhaltige Sichtbarkeit der Webseite herzustellen, ist es wichtig kontinuierlich qualitativ hochwertige Inhalte zu veröffentlichen und bestehende Inhalte zu überarbeiten. Der Aufbau des Contents sowie der Umgang mit den Keywords ist für das SEO und die Nutzerfreundlichkeit ausschlaggebend. Daher müssen Inhalte in Form eines eigenen Blogs bzw. Artikels bereitgestellt werden, welche an die Keywords angepasst und für den Kunden relevant sind. Wie bereits in Abschnitt 1.5 behandelt, ist die Keywordrecherche und die Wettbewerbsanalyse die Grundlage für die Contenterstellung. Wichtige Tools dafür sind Sistrix, der Google Ads-Planer und die direkte Kundenbefragung. Neben Beiträgen kann eine FAQ-Seite sinnvoll sein, um dort typische Kunden- sowie W-Fragen zu beantworten. So kann das Unternehmen über die relevanten Inhalte von Suchenden gefunden werden. Für die Texterstellung sind einige Faktoren zu beachten, so müssen Texte in jedem Fall einzigartig sein und dürfen keine kopierten oder minimal abgeänderte Inhalte von anderen Seiten beinhalten. Google kennzeichnet solchen Content als Kopie und straft damit die Webseite ab. Daher müssen sich alle Inhalte sich maßgeblich voneinander unterscheiden, auch bei gleicher Thematik. Wie lang ein Artikel ist, spielt keine große Rolle, tendenziell ranken längere Texte, mit 1.000-2.000 Wörtern, weiter oben. Es wird vermutet, dass durch die Thementiefe Google sowie Nutzer tiefer in die Materie eindringen können und die Inhalte besser verstehen. Jedoch ist die Qualität des Textes wichtiger, d.h., dass die relevanten Inhalte kurz und bündig, sowie leserfreundlich präsentiert werden müssen. Es hilft, wenn die wichtigen Informationen am Anfang einer Seite stehen und so zum Lesen einladen. Dabei können sinnvolle Zwischenüberschriften, die das Keyword enthalten oder ein Teil der Journey abbilden, sowie ein Inhaltsverzeichnis am Anfang einer Seite helfen. Aufzählungen, Bilder und Videos können das Leseerlebnis verbessern und Nutzer so länger auf der Seite halten, was auch der Usability zugutekommt. Bei Materialien eignen sich z.B. übersichtliche Tabellen mit den wichtigen Eigenschaften, bevor der Fließtext beginnt. Ausschlaggebend ist die Häufigkeit der Keywords, wobei eine Dichte von ca. zwei bis fünf Prozent erreicht werden sollte. Die Keywörter sollten in der Überschrift (H1), Zwischenüberschrift (H2) und dem Text vorkommen. Dabei darf die H1 Überschrift nur einmal verwendet werden und die Einhaltung der Hierarchie ist notwendig. Zusätzlich sollten die Wörter in den verwendetet Medien (Bilder, Videos, etc.) vorhanden sein. Innerhalb eines Textes hat es sich als zielführend gezeigt drei bis zehn Keywords zu verwenden, wobei Textlänge und Themenbereich ausschlaggebend sind. Wichtig ist das ein Keyword nicht auf mehreren Seiten verwendet wird, da sonst die eignen Seiten miteinander konkurrieren. (Hecht, 2018; Sens, 2020, S. 44–51)

Neben der Keyworddichte wird der WDF*IDF Wert immer wichtiger. Dabei handelt es sich um eine Formel, die die Häufigkeit eines gewählten Keywords auf der eigenen Seite im Verhältnis zur Häufigkeit des Keywortes auf anderen Webseiten berechnet. IDF steht für Inverse Document Frequency und WDF für Within

Document Frequency. Damit kann die Suchmaschine beurteilen, ob der Textaufbau unnatürlich ist. Entsprechende Tools können Begriffe aufzeigen, die verringert, vermehrt oder hinzugefügt werden sollten, um einen guten Durchschnitt zu erreichen. Z.B. eignet sich das WDFIDF-Tool von Seobility. (SEO-Kueche, 2021) Neben dem Aufbau der organischen Keywords über die SEO-Maßnahmen sollte die Müller KG für geeignete Keywords Suchmaschinenwerbung (SEA) betreiben. Der Vorteil von SEA ist, dass die Wirksamkeit der beworbenen Keywords direkt gemessen werden kann, ohne zeitlichen Verzug wie bei SEO. Das Unternehmen kann damit Annahmen aus der Keyword-Recherche überprüfen, bevor langfristiger Content dafür erstellt wird. Dafür muss eine Kampagne ein bis drei Monate laufen, um valide Daten zu erzeugen. Da in einer Nische viele Anbieter für die gleichen Keywords ranken, können die Preise im Pay-Per-Click (PPC) trotz geringen Suchaufkommens sehr teuer werden. Um Ressourcen zu schonen, eignen sich Long-Tail-Suchphrasen von 4-5 Wörtern, die einen Suchbegriff genauer definieren und nicht stark umkämpft sind. (Seebacher, 2021, S. 449–452)

Um sich von Wettbewerbern im Suchfeld abzuheben und gleichzeitig dem Kunden relevante Informationen zukommen zu lassen oder ihn durch einen Call-to-Aktion zu einer Handlung zu motivieren, ist die Optimierung der SERP-Snippets und Meta-Tags sinnvoll. Sollten die Snippets den Inhalt der Seite korrekt wiedergeben, sowie passende Keywords im Titel und dem Absatz verwendet werden, kann damit die Klickrate erhöht werden. Wenn keine Snippets erstellt werden, wird das von der Suchmaschine selbst gemacht, wodurch das Ergebnis nicht immer optimal ist. Um die Nutzer zum Klick zu animieren, eignet sich die Verwendung von Sonderformen, z.B. Checkboxen oder andere Symbole. Die Texte für den Absatz sollten der AIDA-Formel (**A**ttention, **I**nterest, **D**esire, **A**ction) folgen, damit Kunden in ihrer jeweiligen Position abgeholt werden können und durch relevante Reize zum Klick angeregt werden (Abb. 3). Durch die Optimierung der Suchanzeigen kann mehr Traffic generieren werden, da sie ansprechender sind. Wenn bereits Bewertungen vorhanden sind, sollten Rich-Snippers verwendet werden, was als Vertrauensindikator für Suchende wirkt. (SISTRIX, 2021a)

🅣 https://www.tintenalarm.de › Guenst...

Druckerpatronen günstig kaufen ▷
Druckerpatrone von tintenalarm

Druckerpatronen günstig kaufen
✓ Druckerpatrone &
Tintenpatronen ▷ 700.000
Kunden ✚ stresslos & schnell ✚
24h Express ➡ Jetzt sparen!

Abbildung 2: Meta-Description nach der AIDA-Formel von tintenalarm.de für das Keyword "Druckerpatronen günstig kaufen"
(Quelle: SISTRIX, 2021a)

2.3 Seeding & Links

Durch Featured Snippets hat die Müller KG verschiedene Optimierungsmöglich-keiten. Diese können je nach Suchbegriff und Wortkombination Fragen beant-worten, Produkte Bewerben, Bilder anzeigen und lokale Ergebnisse sowie ähnli-che Suchergebnisse liefern. (Roos, 2020)
Daher muss das Unternehmen ein Google My Business Profil anlegen und pfle-gen, um unter lokalen Anfragen gefunden zu werden. Kunden können Bewertun-gen abgeben, Termine buchen, Kontakt aufnehmen und Support erfahren. Es ist wichtig auf jedes Kundenfeedback konstruktiv einzugehen und die wichtigen An-gaben zu machen. Die erstellten Inhalte müssen mit der Webseite und der Buying-Journey abgestimmt sowie Links auf relevante Seiten integrieren werden. Das My Business Profil kann neben der Webseite für relevante Inhalte gefunden werden und ist für das lokale sowie generelles SEO wichtig. Die Maßnahme wirkt sich positiv auf die Sichtbarkeit aus und kann als zusätzlicher Kanal fungieren, um die eigene Dienstleistung zu bewerben, was den Traffic bzw. die Conversion erhöht. (Google-Skillshop, 2022)
Zusätzlich eignen sich Social Media Plattformen, um die erstellten Inhalte zu tei-len. Es bietet sich an, den Content für die gewählte Plattform aufzubereiten. Auch Newsletter, PR-Arbeit oder Kooperationsbeiträge sind lohnende Maßnahmen, die langfristig die Sichtbarkeit erhöhen, da die erstellten Inhalte geteilt werden. Durch das Teilen können die relevanten Zielgruppen auf ihren Kanälen erreicht werden, was gleichzeitig Backlings generiert. (Raaf, 2021, S. 36, 43–44)

Die Backling-Optimierung ist ein relevanter Rankingfaktor und wird auch Webseiten-Reputation genannt. Dies ist Teil der Offpage-Optimierung was ausführlich in Abschnitt 3.2 behandelt wird. Die relevanten Informationen für ein langfristig erfolgreiches SEO können dort entnommen werden. Neben den externen Links, die auf die eigne Seite verweisen, ist eine intelligente interne Struktur ebenfalls nötig. Ein Keyword-Mapping kann helfen, Unterseiten entsprechend der Themengebiete sinnvoll zu gestallten. Ebenfalls sollten interne Hyperlinks vorhanden sein, womit intern auf jeweils ergänzenden Content verlinkt wird. Auf der Startseite sollte stets der wichtigste und populärste Inhalt stehen. Geeignete Filter erleichtern das Finden von ähnlichen Inhalten. (Raaf, 2021, S. 34–34)

2.4 Monitoring

Google updatet regelmäßig seinen Algorithmus, weshalb sich die SEO-Anforderungen laufend ändern und ggf. Inhalt, Designs oder technische Aspekte angepasst werden müssen. Diese Änderungen müssen regelmäßig verfolgt werden und die eigene Webseite sollte in zeitlichen Abständen hinsichtlich ihrer Leistung, dem Best Practices Score von Google, der Barrierefreiheit und dem SEO-Score überprüft werden. Das unterstreicht die Notwendigkeit der kontinuierlichen und ganzheitlichen Optimierung. Wie in Abschnitt 1.8 und 2.1 beschrieben werden dafür geeignete Tools benötigt, welche die Webseite auf Performance testen, die Keywords auswertet und das Nutzerverhalten analysieren (Verweildauer, Klickrate, etc.). Anhand der Ergebnisse werden neue Ziele definiert, die mithilfe geeigneter KPIs gemessen werden, wodurch der Kreislauf erneut beginnt. (SISTRIX, 2022)

3 Aufgabe 3

Diese Aufgabe definiert die Begriffe Onpage- und Offpage-Optimierung und ordnet ihre Bedeutung in den Kontext der Suchmaschinenoptimierung (SEO) ein. Mit Hilfe von Beispielen werden die Einflüsse dieser SEO-Optimierungsmaßnahmen auf die Auffindbarkeit der eigenen Seite veranschaulicht und dessen

Wirkungsweisen erläutert. Der organische Web-Traffic hängt von der Position innerhalb der Suchmaschine ab. Meist werden nur die obersten zehn Anzeigen von Suchenden angeklickt, weshalb SEO von wirtschaftlichem Interesse ist. Die erste Position wird mit einer Klickrate von 31,7% am häufigsten ausgewählt. (Alpar et al., 2015, S. 24–26; Seebacher, 2021, S. 453)

SEO gehört zum Suchmaschinenmarketing und beinhaltet alle Ansätze, welche die organischen Suchergebnisse beeinflussen können. Dabei sind die Onpage- und Offpage-Optimierung die Hauptbestandteile der Suchmaschinenoptimierung. Abb. 4 veranschaulicht die dazugehörigen Bestandteile der On- und Offpage. Beide Maßnahmen können die Positionierung in den Suchergebnissen von Suchmaschinen wesentlich verbessern. Die einzelnen Komponenten der On- und Offpage wurden bereits in der Aufgabe 1 und 2 genannt und werden nachfolgend veranschaulicht. Obwohl der Umfang der Onpage wesentlich größer ist und kontinuierlich gepflegt werden muss, ergänzen sich beide Optimierungsmaßnahmen hinsichtlich einer kontinuierlichen Strategie. (Bernecker, 2021a, S. 197; Searchmetrics, 2022a, 2022b)

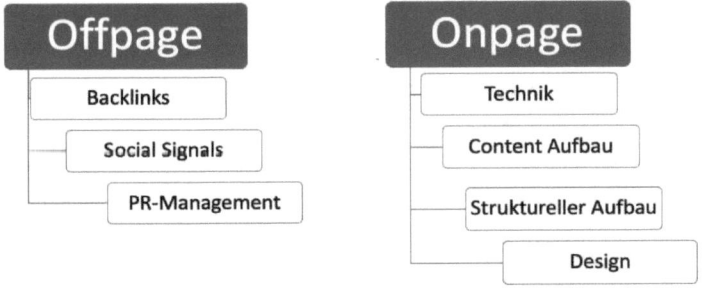

Abbildung 3: Bestandteile der On- und Offpage-Optimierung
(Quelle: Eigene Darstellung)

3.1 Onpage-Optimierung

Unter der Onpage-Optimierung fallen alle Maßnahmen, die im direkten Zusammenhang mit dem Internetauftritt stehen und auf der Webseite selbst vorgenommen werden müssen, um ein optimales Suchergebnis erreichen zu können. Die Bereiche können in technische Maßnahmen, Verbesserung des inhaltlichen (Content & Design) und struktureller Aufbau der Webseite eingeteilt werden (siehe Abb. 4). Die Verbesserung der Onpage umfasst aufgrund ihres Umfangs fast alle wichtigen Rankingfaktoren und ist für erfolgreiches SEO notwendig. Neben dem Quellcode, der Indexierbarkeit und Darstellung der Seiten, geht es um die Usability, Sicherheit und eine passenden Seitenstruktur durch geeignete Keywords. Die Optimierung der Onpage verbessert die Webseite für den Crawler und Nutzer, wodurch die Sichtbarkeit innerhalb der Suchmaschine steigt, was sich durch eine bessere Platzierung unter den Suchanfragen zeigt. (Alpar et al., 2015, S. 193; Bernecker, 2021a, S. 21; Google, 2022a)

3.1.1 Technische Maßnahmen

Technische Maßnahmen beinhalten die Optimierung des Webseitencodes, der Indexierbarkeit, der Sicherheit und der URL-Gestaltung. Bspw. ist ein fehlerfreier Code für eine schnelle und richtige Darstellung einer Seite wichtig. Überflüssige HTML-, CSS- und Java-Elemente beeinflussen die Webseitenperformance negativ. Veraltete Medienfunktionen (z.B. Größenverhältnisse), die nicht für Mobile-Geräte optimiert sind, werden nicht gut angezeigt und verlängern die Ladezeit. Ein alter Code kann auch ein Sicherheitsproblem darstellen, was das Gesamtranking der Webseite ebenso verschlechtert, wie fehlerhaft zugeordnete Elemente im Code. Mit Tools, wie „validator.w3.org" und Lighthous kann der Code überprüft werden. Die gefundenen Errors, Warnungen und Hinweise bieten Verbesserungsansätze, um überflüssige Ressourcen freizugeben, falsche Zuordnungen zu korrigieren und nicht erlaubte Elemente zu löschen. Nach einer Überarbeitung des Codes kann die Webseite besser Ranken, da Sicherheitsstandards eingehalten werden und schnellere Ladezeiten möglich sind. (Bernecker, 2021a, S. 53–54; SISTRIX, 2021b; Steyer, 2016)

3.1.2 Inhaltliche Maßnahmen bzw. Content & Design

Wie der Content designt (responsiv) und in Form eines Textes aufgebaut werden sollte, um für die Suchmaschine und den Nutzer optimal gestaltet zu sein, wurde in Abschnitt 2.1 und 2.2 bereits behandelt. Die interne Verlinkung beeinflusst die Struktur der Webseite, genauso wie die Indexierbarkeit. Daneben haben z.B.

Medien einen Einfluss auf die Performance, welche durch die Core Web Vitals (CWV) von Google gemessen werden kann. Sie ergeben den Leistungswert einer Webseite. Der Largest Content Paint (LCP) von den CWV sagt aus, wie lange es dauert den größten Inhalt einer Webseite zu laden, was öfter ein Bild ist. Das Verwenden von Bildern in großer Originalqualität verursachen eine lange Ladezeit und verschlechtern die Webperformance. Die Dateigröße von Bildern kann durch diverse Tools auf wenige Kilobytes Dateigröße verkleinert werden. Freeware, wie Gimp, oder automatisierte Lösungen, wie TinyPNG eignen sich dafür. Der LCP-Wert wird durch die Maßnahme verbessert und liegt mit < 2,5 sec. im grünen Beriech. Die schnellere Ladezeiten ist gut für die Usability und verbessert das Ranking. (Guelle, 2022; O'Daniel & Jaeckert, o. J., S. 25; Walton, 2020)

3.1.3 Strukturelle Maßnahmen

Eine strukturell optimierte Seite hat Auswirkungen auf die Indexierbarkeit und die Nutzerfreundlichkeit einer Webseite. In der Regel kann der Crawler eine Webseite mit guter interner und externer Verlinkung vollständig indexieren, sodass eine XML-Sitemap nicht benötigt wird. Nach Google (2022b) bietet sich eine Sitemap bspw. an, wenn die Webseite neu ist und interne wie externe Links nicht auf alle Inhalte verweisen, die Webseite sehr groß ist oder viele Rich-Media-Inhalte integriert sind. Die Sitemap ist eine Datei, welche Informationen zu allen Seiten und Daten auf einer Website beinhaltet und Zusammenhänge dazwischen herstellt. Der Suchmaschine wird die Webseiteninformationsstruktur gezeigt, womit der gesamte Inhalt einer Website gecrawlt und indexiert werden kann. Es kommt zu einer vollständigen und schnelleren Indexierung der Webseite, sodass alle relevanten Seiten und damit auch Keywords ranken können. Wurde die Sitemap in der Google Search Console eingerichtet, dient es als Analysetool der internen Links. Sollten Fehler, Warnungen oder ausgeschlossene Links vorhanden sein, ist hier Optimierungspotential. Link-Fehler und nicht indexierte Links können doppelter Content sein. Diese Links können durch kanonische-Tags markiert und richtig zugeordnet oder aus der Sitmap entfernt werden. Dadurch wird der doppelte Inhalt nicht mehr indexiert. Die Fehlerverbesserung sorg dafür, dass sich die Seitenstruktur verbessert und überflüssige Seiten entfernt werden. So kann sich die Position der Webseite verbessern, da Seiten für fehlerhafte und dopple Inhalte abgestraft werden. (Backlinko, 2020)

3.2 Offpage-Optimierung

Die Offpage-Optimierung beinhaltet alle Maßnahmen, die außerhalb der eigenen Webseite liegen. Ein wesentlicher Bereich ist das Kreieren von Backlinks, was eine Verlinkung der eigenen Webseite auf einer fremden Seite ist. Häufig wird hier von der Website-Reputation oder -Relevanz gesprochen. Eine Webseite ist relevant und wichtig, wenn sie häufig auf anderen qualitativ hochwertigen Seiten genannt wird. Durch externe Links kann der Crawler Webseiten besser indexieren. Aus der Qualität und Quantität der Backlings ergibt sich die Linkpopularität als wesentlichen Einflussfaktor. Neben dem Linkbuilding sind Social Signs und PR-Management von Bedeutung. (Kamps & Schetter, 2018, S. 22–23; Kropp et al., 2022, S. 83)

3.2.1 Backlinks

Backlinks geben Auskunft über die Reputation einer Webseite. Je bedeutender die Empfehlende Seite ist, desto mehr Wert hat die Verlinkung. Um diesen Rankingfaktor zu beeinflussen, hilft es bspw. selbst qualitativ hochwertigen Content zu kreieren, den andere User als Quelle verlinken wollen. Auch Netzwerken in Foren kann wertvolle Kontakte bringen, die später wichtige Backlinks liefen können (Linktausch). Zusätzlich kann das eigene Umfeld nach sinnvollen Kooperationen befragt werden. Dabei sollten Links immer zielführend eingesetzt werden, d.h. sie sollten im Zusammenhang mit einem Blog oder direkt auf einer Seite platziert werden. Die Glaubwürdigkeit der verlinkenden Seite spielt eine wichtige Rolle. Qualitative Links erhöhen die Sichtbarkeit einer Webseite, während Verlinkungen von minderwertigen Seiten mit Spamwerbung einen negativen Einfluss haben. Eine wertvolle externe Verlinkung ist bspw. ein Eintrag in Wikipedia. Das ist für bekannte Persönlichkeiten und Unternehmen bedeutend, da es das Vertrauen erhöht und bei W-Fragen öfter Wikipedia-Snippers ausgespielt werden. Das erhöht die Sichtbarkeit und kann für Traffic sorgen. An sich sind die

Wikipedia-Links als nofollow deklariert, d.h. der Crawler folgt dem Link nicht. Dennoch kann durch den Vertrauensstatus Wikipedia auch das Backlinkmagnet wirken. (Hirsch, 2020; Marketing, 2021a; 2021b; Roos, 2020)

3.2.2 Social Signs & PR-Management

Abschließend werden Verlinkungen aus sozialen Medien und weiteren Social Signs behandelt. Beiträge aus Social Media, die Links auf eine Webseite verweisen, werden zwar als nofollow behandelt und damit nicht direkt gewertet, dennoch konnte ein korrelativer Zusammenhang aufgezeigt werden. Je weiter oben eine Seite steht, desto mehr Social Signs hat sie in der Regel. Social-Media-Plattformen (SMP), wie YouTube, besitzen bzw. sind auch eigne Suchmaschinen. Ein starker Auftritt auf den Kanälen wird sich positiv auf die Sichtbarkeit innerhalb und außerhalb des Kanals ausüben. Das Bsp. von Felix Beilharz (Abb. 4) zeigt, dass SMP bereits sehr weit oben innerhalb einer Suchmaschine ranken können und Videos als relevante Rich-Snippets ausgespielt werden. Die Informationen zur Person werden über einen Info-Snippet ausgespielt, der auf einen Wikipedia Artikel basiert. Das bedeutet, dass ein User durch eine Suchanfrage, z.B. W-Fragen und How To's, direkt auf Videocontent treffen kann und so indirekt über SMPs in Kontakt mit dem Creator tritt. Die Plattformen selbst können z.B. für das Seeding genutzt werden, das Streuen von Links, indem guter Content erstellt und eingebettet wird. Mittlerweile werden Twitter-Beiträge oder erstellte Grafiken auf Reddit hunderte Male auf anderen Webseiten sowie Newsseiten verlinkt und geteilt. So gelangen Nutzer über einen indirekten Weg auf die eigene Webseite und das Ranking der SMP verbessert sich. Je mehr User mit einem interagieren, desto größer wird die Sichtbarkeit, was auch als Social-Media-SEO bezeichnet werden kann. In der Abb. 4 wird die Wirkung von PR-Marketing als Offpage-Maßnahme deutlich. Durch Gastbeiträge mit Microsites, Interviews, Whitepapers und Bücher auf seriösen Seiten wird bspw. das Linkbuilding verbessert und es gibt positive Signale für die Suchmaschine. Insgesamt sorgen solche Maßnahmen für qualitativ hochwertige Links, was das Ranking und die Reputation einer Seite verbesserten. (Marketing, 2021a; Scholz, 2017, S. 199-201, 206)

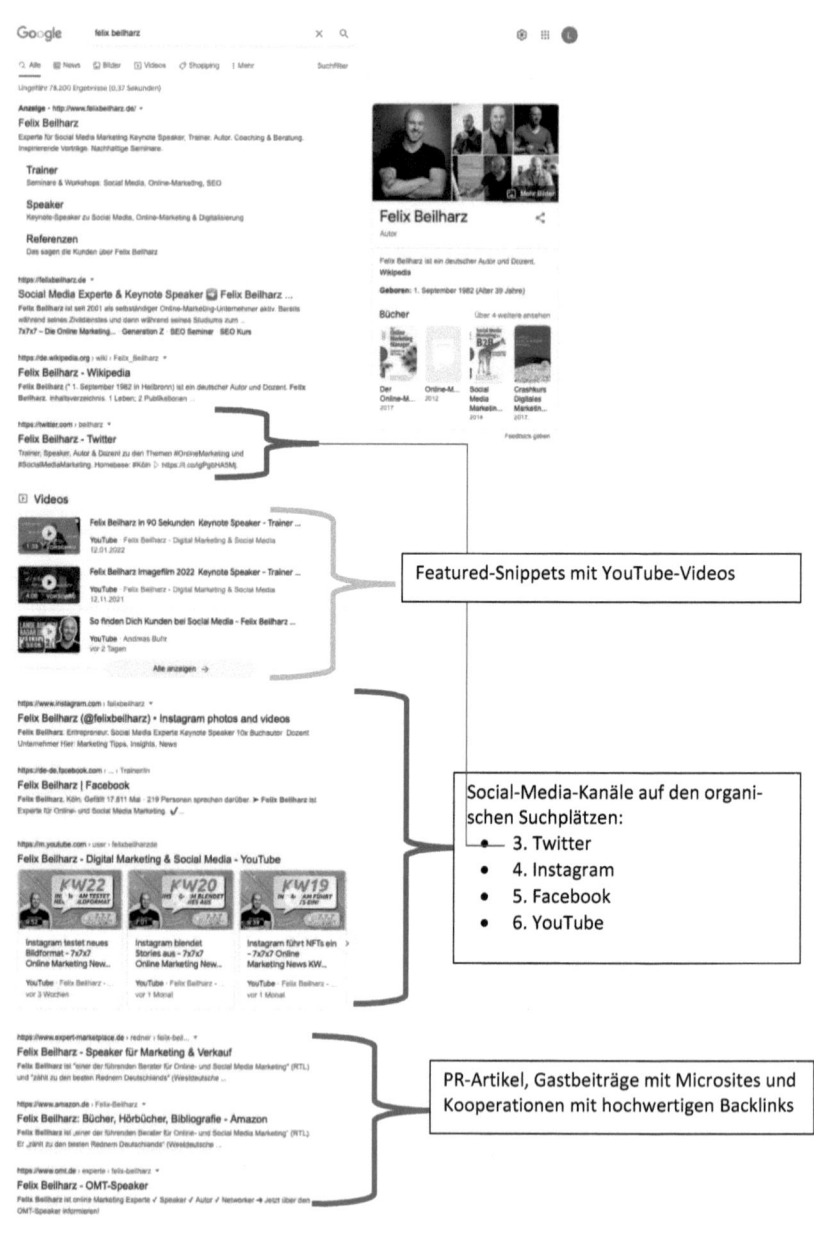

Abbildung 4: Google Suche "Felix Beilhaz" vom 01.06.2022

(Quelle: Eigne Darstellung mit Screenshot von der Google-Suche)

Literaturverzeichnis

Alpar, A., Koczy, M. & Metzen, M. (2015). *SEO - Strategie, Taktik und Technik.* Wiesbaden: Springer Fachmedien Wiesbaden. https://doi.org/10.1007/978-3-658-02235-8

Backlinko. (2020). What is a Sitemap? How to Create an SEO Optimized Sitemap. *Backlinko.* Zugriff am 30.6.2022. Verfügbar unter: https://backlinko.com/hub/seo/sitemaps

Bernecker, M. (2022). Folien: Der SEO-Prozess. SRH Fernhochschule - The Mobile University. Zugriff am 14.6.2022. Verfügbar unter: https://mu-campus.de/pluginfile.php/149615/mod_page/content/11/Folie%20SEO-Prozess.pdf

Bernecker, M. (2021a). Online-Marketing-Grundlagen. Studienbrief SRH Fernhochschule – The Mobile University Titel-Nr. 1672-01.

Beus, J. (2021, März 9). Der Anteil mobiler Suchen ist höher als du denkst. Was du jetzt wissen musst. *SISTRIX.* Zugriff am 23.6.2022. Verfügbar unter: https://www.sistrix.de/news/der-anteil-mobiler-suchen-ist-hoeher-als-du-denkst-was-du-jetzt-wissen-musst/

Google. (2020). Separate URLs | Search Central. *Google Developers.* Zugriff am 23.6.2022. Verfügbar unter: https://developers.google.com/search/mobile-sites/mobile-seo/separate-urls?hl=de

Google. (2021). Responsives Webdesign | Search Central | Google Developers. *Google Developers.* Zugriff am 23.6.2022. Verfügbar unter: https://developers.google.com/search/mobile-sites/mobile-seo/responsive-design?hl=de

Google. (2022a). SEO für Fortgeschrittene. Zugriff am 29.6.2022. Verfügbar unter: https://developers.google.com/search/docs/advanced/guidelines/get-started

Google. (2022b). Was ist eine Sitemap? | Google Search Central | Dokumentation | Google Developers. Zugriff am 30.6.2022. Verfügbar unter: https://developers.google.com/search/docs/advanced/sitemaps/overview?hl=de

Google-Skillshop. (2022). Google My Business im Überblick. *Skillshop.* Bildung, . Zugriff am 28.6.2022. Verfügbar unter: https://skillshop.exceedlms.com/student/path/3382-google-my-business

Graf, A. (2019). *Selbstmanagementkompetenz in Organisationen stärken: Leistung, Wohlbefinden und Balance als Herausforderung* (uniscope. Publikationen der SGO Stiftung). Wiesbaden: Springer Fachmedien Wiesbaden. https://doi.org/10.1007/978-3-658-22866-8

Guelle, R. (2022, März 25). Bilder komprimieren - Ladezeit reduzieren: So geht's! *ryte.com*. Zugriff am 30.6.2022. Verfügbar unter: https://de.ryte.com/magazine/bilder-komprimieren-ladezeit-reduzieren-gehts

Haiduck, L. (2022, Januar 14). SEO-Strategie – In 7 Schritten den Erfolg konzipieren. *TrafficDesign*. Zugriff am 23.6.2022. Verfügbar unter: https://www.trafficdesign.de/knowhow/seo/seo-strategie

Hecht, A. (2018, April 27). Die ideale Blogartikel-Länge aus 12 SEO-Studien! *SEO Agentur Hamburg*. Zugriff am 24.6.2022. Verfügbar unter: https://seoagentur-hamburg.com/die-ideale-blogartikel-laenge/

Hirsch, D. (2020). 5 Tipps für hochwertige Wikipedia-Links? OMT-Magazin. *5 Tipps für hochwertige Wikipedia-Links!* Zugriff am 1.7.2022. Verfügbar unter: https://www.omt.de/linkbuilding/5-tipps-fuer-hochwertige-wikipedia-links/

Kamps, I. & Schetter, D. (2018). *Performance Marketing*. Wiesbaden: Springer Fachmedien Wiesbaden. https://doi.org/10.1007/978-3-658-18453-7

Kleinkes, U. (2020). *Quick Guide Content Marketing für den B2B-Mittelstand: Wie KMU mehr Sichtbarkeit im Markt bekommen* (Quick Guide). Wiesbaden: Springer Fachmedien Wiesbaden. https://doi.org/10.1007/978-3-658-30164-4

Klodt, P. D. H. (2018). Definition: Mittelstand. *https://wirtschaftslexikon.gabler.de/definition/mittelstand-40165*. Text, Springer Fachmedien Wiesbaden GmbH. Zugriff am 16.6.2022. Verfügbar unter: https://wirtschaftslexikon.gabler.de/definition/mittelstand-40165

Kropp, M., Willhauck, B., Feilen, L., Sattler, M., Ahrens, K., Aumüller, S. et al. (2022). OMT Magazin (Crawl Budget effizient nutzen – How-to). *OMT GmbH*, (08), 156.

Marketing, D. I. für. (2021a, Februar 3). OffPage-Optimierung: Deshalb ist sie so wichtig Zugriff am 14.6.2022. Verfügbar unter: https://www.marketinginstitut.biz/blog/offpage-optimierung/

Marketing, D. I. für. (2021b, Juli 28). Linkbuilding – hochwertige Backlinks generieren Zugriff am 14.6.2022. Verfügbar unter: https://www.marketinginstitut.biz/blog/linkbuilding/

McConnell, G. (2016). What You Should Know About SEO KPIs for B2B Companies. *Semrush Blog*. Zugriff am 21.6.2022. Verfügbar unter: https://www.semrush.com/blog/know-seo-kpis-b2b-companies

O'Daniel, B. & Jaeckert, F. (o. J.). Whitepaper 33 SEO Impulse. Zugriff am 14.6.2022. Verfügbar unter: https://www.jaeckert-odaniel.com/magazin/

O.S.G.-Team. (o. J.). SEO Handbuch: Dauerhafte Performance dank SEO-Management-Prozess. *SEO Agentur*. Zugriff am 14.6.2022. Verfügbar unter: https://www.seoagentur.de/seo-handbuch/seo-management-prozess/

Raaf, U. (2021). *Der SEO Planer: Suchmaschinenoptimierung in Unternehmen richtig organisieren und umsetzen (mit Checklisten)* (essentials). Wiesbaden: Springer Fachmedien Wiesbaden. https://doi.org/10.1007/978-3-658-33192-4

Rabe, L. (o. J.). Marktanteile der Suchmaschinen - Mobil und stationär 2022. *Statista*. Zugriff am 5.7.2022. Verfügbar unter: https://de.statista.com/statistik/daten/studie/222849/umfrage/marktanteile-der-suchmaschinen-weltweit/

Roos, P. (2020, Dezember 2). Google SERPs: Wie Du Rankingpotenziale aufdeckst und Deine Seite dafür optimierst. *ryte.com*. Zugriff am 23.6.2022. Verfügbar unter: https://de.ryte.com/magazine/google-serps-rankingpotenziale-und-optimierung

Ryte. (2021). Was sind Core web Vitals und wie misst man sie? – Ryte Wiki. Zugriff am 28.6.2022. Verfügbar unter: https://de.ryte.com/wiki/Core_Web_Vitals

Scholz, H. (Hrsg.). (2017). *Social goes Mobile - Kunden gezielt erreichen*. Wiesbaden: Springer Fachmedien Wiesbaden. https://doi.org/10.1007/978-3-658-16604-5

Searchmetrics. (2022b). Onpage-Optimierung: Alle Infos im Searchmetrics Glossar. *Searchmetrics*. Zugriff am 14.6.2022. Verfügbar unter: https://www.searchmetrics.com/de/glossar/onpage-optimierung/

Searchmetrics. (2022a). Offpage-Optimierung: Alle Infos im Searchmetrics Glossar. *Searchmetrics*. Zugriff am 14.6.2022. Verfügbar unter: https://www.searchmetrics.com/de/glossar/offpage-optimierung/

Seebacher, U. (Hrsg.). (2021). *Praxishandbuch B2B-Marketing: Neueste Konzepte, Strategien und Technologien sowie praxiserprobte Vorgehensmodelle – mit 11 Fallstudien*. Wiesbaden: Springer Fachmedien Wiesbaden. https://doi.org/10.1007/978-3-658-31651-8

Sens, B. (2020). *Das SEO-Cockpit: 8 Phasen einer erfolgreichen SEO-Strategie für bessere Google-Positionen.* Wiesbaden: Springer Fachmedien Wiesbaden. https://doi.org/10.1007/978-3-658-29494-6

SEO-Kueche. (2021). WDF*IDF Bedeutung erklärt von der SEO-Küche. *SEO-Küche Online Marketing Agentur.* Zugriff am 24.6.2022. Verfügbar unter: https://www.seo-kueche.de/lexikon/wdfidf/

SISTRIX. (2021, August 12). HTML: SEO Coding Grundlagen. *SISTRIX.* Zugriff am 1.7.2022. Verfügbar unter: https://www.sistrix.de/frag-sistrix/technisches-seo/html/

SISTRIX. (2022). Wie häufig gibt es Google Updates? *SISTRIX.* Zugriff am 24.6.2022. Verfügbar unter: https://www.sistrix.de/frag-sistrix/google-updates/wie-haeufig-gibt-es-google-updates/

SISTRIX. (2021b). Wie sieht die optimale Meta-Description aus? *SISTRIX.* Zugriff am 23.6.2022. Verfügbar unter: https://www.sistrix.de/frag-sistrix/onpage/meta-description/wie-sieht-die-optimale-meta-description-aus

Steyer, R. (2016, April 22). Das Prinzip der Fehlertoleranz – Videokurs: Firebug Grundkurs | LinkedIn Learning, früher Lynda.com. *LinkedIn.* Zugriff am 1.7.2022. Verfügbar unter: https://de.linkedin.com/learning/firebug-grundkurs/das-prinzip-der-fehlertoleranz

Walton, P. (2020, Juni 17). Largest Contentful Paint (LCP). *web.dev.* Zugriff am 30.6.2022. Verfügbar unter: https://web.dev/lcp/

BEI GRIN MACHT SICH IHR
WISSEN BEZAHLT

- Wir veröffentlichen Ihre Hausarbeit,
  Bachelor- und Masterarbeit

- Ihr eigenes eBook und Buch -
  weltweit in allen wichtigen Shops

- Verdienen Sie an jedem Verkauf

Jetzt bei www.GRIN.com hochladen
und kostenlos publizieren